VALLÉE

AF262492

Donné par les auteurs
le 13 ventôse an 6.

Z.

30474

OPUSCULES

MORAUX

DE

L. M. REVELLIÈRE-LÉPEAUX,

ET

DE J. B. LECLERC.

Mêmes principes, mêmes vues, mêmes sentimens les
unirent dès la première jeunesse par des liens d'amitié que
la mort seule pourra briser.

PLUVIOSE AN VI.

RÉFLEXIONS

Sur le Culte, sur les Cérémonies civiles et sur les Fêtes nationales.

ESSAI

Sur les moyens de faire participer l'universalité des Spectateurs à tout ce qui se pratique dans les Fêtes nationales.

DISCOURS

Prononcé à la Fête de la République, le premier Vendémiaire an VI.

DISCOURS.

Prononcé à la Cérémonie funèbre faite en mémoire du général Hoche.

DU PANTHÉON,

Et d'un Théâtre National.

PAR

L. M. REVELLIÈRE-LÉPEAUX,

MEMBRE DE L'INSTITUT NATIONAL.

DE LA POÉSIE,

*Considérée dans ses rapports avec l'Educa-
tion nationale.*

DISCOURS

Sur l'Instruction publique.

ESSAI

Sur la propagation de la Musique en France.

DISCOURS

*Sur l'existence et l'utilité d'une Religion
civile en France.*

RAPPORT

*Sur les institutions relatives à l'Etat civil
des Citoyens.*

PAR

JEAN-BAPTISTE LECLERC,

DÉPUTÉ DU DÉPART. DE MAINE ET LOIRE.

RÉFLEXIONS

SUR LE CULTE,

SUR LES CÉRÉMONIES CIVILES

ET

SUR LES FETES NATIONALES.

A V I S.

Le Propriétaire de ces *Réflexions sur le Culte*, etc. , *par le citoyen L. M. Reveillère-Lépeaux*, déclare qu'en vertu du décret de la Convention Nationale, rendu le 19 juillet 1793 , l'an II de la R. F. , il pousuivra devant les tribunaux tout contrefacteur , distributeur ou débitant d'éditions qui ne porteront pas la présente signature.

Paris , ce 22 Floréal , l'an 5 de la République Françoise, une et indivisible.

RÉFLEXIONS

SUR LE CULTE,

SUR LES CÉRÉMONIES CIVILES

ET

SUR LES FÊTES NATIONALES;

PAR LOUIS-MARIE REVEILLIÈRE-LÉPEAUX,

MEMBRE DE L'INSTITUT NATIONAL DE FRANCE;

Lues à l'Institut le 12 Floréal, an 5 de la République, dans la séance de la classe des Sciences morales et politiques.

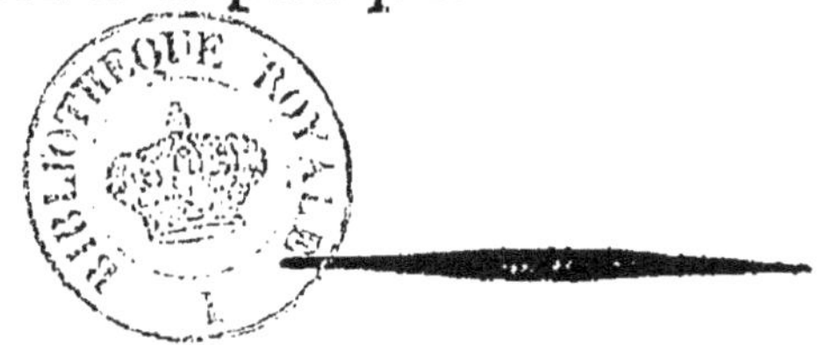

A PARIS,

CHEZ H. J. JANSEN, IMPRIMEUR-LIBRAIRE,
RUE DES SAINTS-PÈRES, N°. 1195, F. S. G.

L'AN 5me. DE LA RÉPUBLIQUE FRANÇOISE.

RÉFLEXIONS

SUR LE CULTE,

SUR LES CÉRÉMONIES CIVILES

ET

SUR LES FÊTES NATIONALES.

LES institutions sont le plus ferme appui des constitutions et doivent former avec elles un parfait ensemble.

Je distingue trois sortes d'institutions principales, le culte religieux, les cérémonies civiles et les fêtes nationales : toutes doivent être liées entre elles, et, pour ainsi dire, modelées sur le même type, afin que rien ne porte à faux, et que tout

A 2

marche avec une force irrésistible au but commun, la conservation des mœurs et le maintien de la république.

Du culte religieux.

FAUT-IL des dogmes et un culte religieux ?

Je crois qu'il est impossible qu'un peuple puisse s'en passer, autrement il se jetera dans les superstitions les plus grossières, parce qu'il trouvera toujours des charlatans pour effaroucher son imagination et vivre à ses dépens. Il y a plus, sans quelque dogme et sans aucune apparence de culte extérieur, vous ne pouvez ni inculquer dans l'esprit du peuple des principes de morale, ni la lui faire pratiquer.

Je conçois qu'un homme qui a reçu une éducation soignée, qui s'est accoutumé à la réflexion, qui a puisé dans ses études et dans toutes les circonstances de sa vie certaines idées de convenance et un amour raisonné de l'ordre, peut, sans croyance et sans culte, exercer toutes les vertus sociales ; mais cela n'est pas vrai d'un peuple.

La multitude (et c'est le cas de dire ici avec la Bruyère : *Bien des gens en font partie qui.en s'en doutent pas*), la multitude ne peut s'élever à ces idées d'ordre et de con venances qui supposent un esprit exercé à la méditation et un goût délicat ; il faut lui donner un point d'appui positif, un dogme ou deux qui servent de base à sa morale, et un culte qui en dirige l'application ou du moins qui l'y rappelle. Sans cela le peuple se perdra dans le vague de ses idées, et jamais vous ne l'amenerez à la pratique fixe et constante de ses devoirs par les arguties d'une subtile métaphysique. D'ailleurs, l'histoire et notre propre expérience nous ont assez prouvé que les passions sont toujours plus fortes que la raison, même chez les gens éclairés ; que doit-ce être chez les hommes que leur position a privés de lumières ? Ce seroit donc une folie de croire qu'il ne faut pas un autre guide que celui des froids calculs de la raison pour retenir l'homme en société dans le sentier de la vertu.

Mais s'il importe qu'un peuple ne soit pas sans une religion, il est également essentiel, et pour le maintien de la morale et pour celui de la liberté publique , que les dogmes de cette religion et ses rites soient d'une extrême simplicité. Je veux même qu'il n'y ait point de prêtres comme dans quelques sectes chrétiennes, ou tout au moins qu'ils ne fassent point corps de sacerdoce. Il faut, en un mot, que le prêtre ou le ministre ne soit revêtu d'aucun caractère, ni de fait, ni d'opinion ; il est très-important qu'il ne soit considéré que comme le ministre de l'association religieuse , et que jamais il ne puisse se croire ou se dire celui de Dieu même; ce qui est tout à la fois un blasphême et le véritable principe de la tyrannie sacerdotale. Autrement la superstition étouffe le génie et altère les sources de la morale. Le sacerdoce achève de la corrompre : la superstition prend la place de la religion ; le prêtre usurpe celle de Dieu même.

Alors un peuple au lieu d'être religieux n'est plus qu'imbécile et crédule ; l'adorateur du vrai Dieu est converti en stupide et servile exécuteur des volontés du ministre du culte ; l'extravagance et la terreur courbent jusqu'à terre une ame que la reconnoissance envers l'Etre Suprême, l'admiration de ses œuvres et l'amour de ses semblables auroient élevé aux plus sublimes vertus et doué des affections les plus douces.

Enfin, lorsqu'un culte est chargé de dogmes et de pratiques minutieuses, il rétrécit l'esprit et le rend incapable d'aucun élan généreux.

Ce n'est pas tout encore ; pour maintenir sa puissance, le ministre d'un tel culte a grand soin, dans ses instructions, de ne vous occuper que de la foi ; c'est-à-dire, de vous garnir le cerveau, bon gré malgré, d'une foule d'absurdités, et de vous recommander avec le plus grand soin de ne négliger aucune des pratiques extérieures de dévotion : c'est ainsi qu'il maintient sa domination et ses richesses ; car alors il se rend nécessaire entre vous et le ciel, comme un intermédiaire sans lequel vous ne pouvez rien, sans lequel vous n'êtes rien. C'est ainsi qu'il s'empare de vous à tous les instans du jour et qu'il vous environne des liens que sa présence continuelle vous empêche de briser. Enfin, dans les courtes instructions que lui permettent de faire des cérémonies aussi multipliées que ridicules, il ne reste aucune place pour développer les principes de la morale, et pour éclairer l'homme sur ses véritables devoirs.

D'un autre côté, le sectateur d'une pareille religion, quand il a fait de grands efforts pour croire les choses les plus incroyables, quand il a assisté à mille cérémonies insignifiantes, consumé presque tous ses instans dans la pratique de cent momeries plus puériles les unes que les autres, débité de longues prières, souvent inintelligibles et presque toujours sans objet; ce sectateur, dis-je, croit avoir rempli tous ses devoirs envers Dieu et envers les hommes; non-seulement il ne doit plus rien à sa famille, à ses voisins, à son pays, mais encore il devient dédaigneux, hautain, irrascible, insultant, par suite de la haute idée qu'il a de sa propre perfection et de la grande faveur qu'il croit s'être acquise à la cour céleste. Tels sont les effets inévitables d'une religion surchargée de dogmes et de pratiques inutiles. Tel est bien le cas de la religion romaine, de toutes les sectes chrétiennes, la plus opposée aux progrès et à l'exercice de la saine morale et la plus contraire à l'établissement et au maintien de la liberté.

Dans un culte très-simple, au contraire, lors même qu'on n'est pas assez heureux pour qu'il s'exerce sans ministre, au moins ce ministre n'ayant qu'un couple de dogmes à proposer à votre croyance, et point ou très-peu de pratiques extérieures à vous prescrire, est obligé, pour ne pas paroître inutile, de vous entretenir de vos véritables devoirs. De son côté, le sectateur ne se croit quitte envers Dieu et envers les hommes que par l'exercice constant des vertus domestiques et des vertus publiques, puisque rien autre chose ne lui est demandé.

Aussi voyez un pays catholique et un pays calviniste, par exemple, et comparez-les (toutes causes influentes d'ailleurs égales) ; vous trouverez dans le pays calviniste des ménages plus heureux, des femmes plus chastes et plus économes, des maris plus tendres et plus laborieux, des enfans plus chéris et plus respectueux, un raisonnement plus sain, un pays mieux cultivé, en un mot, un peuple plus actif, plus industrieux, plus charitable, meilleur et plus content; beaucoup plus d'esprit public et de véritable amour de la patrie.

L'existence d'un Dieu rémunérateur de la vertu et vengeur du crime, l'immortalité de l'ame, conséquence, pour ainsi dire, naturelle de cette première proposition; voilà les fondemens d'un culte utile à un peuple; sans eux tout l'édifice de votre morale s'écroulera, parce que vous aurez bâti sur le sable, ou plutôt tous vos matériaux se disperseront à mesure que vous croirez les avoir placés, parce qu'ils seront jetés dans le vague. Mais ces deux dogmes suffisent; avec un plus grand nombre vous n'élevez qu'un édifice monstrueux où l'homme s'égare et s'éloigne, à chaque pas, du sanctuaire de la raison et de celui de la justice. Un antre a mille détours obscurs où des imposteurs, se disant les ministres du Très-Haut et les interprètes de sa volonté, le conduisent à leur gré d'erreurs en erreurs. Là, ils emploient tour à tour les plus terribles menaces ou les promesses les plus flatteuses, l'avenir le plus affreux ou la plus riante perspective pour le rendre foible et méchant; car ils règnent sur lui en raison de cette foiblesse même, et en raison de la supériorité qu'ils se donnent sur des êtres auxquels ils se sont ménagés l'occasion de faire des reproches plus ou moins fondés.

S'il faut une croyance et un culte religieux aux sociétés politiques, s'il importe que cette croyance et ce culte soient d'une grande simplicité pour le profit de la morale en général, pour le soutien de la constitution, lorsque cette constitution est républicaine et basée sur des principes simples et clairs, combien la position où

nous sommes ne rend - elle pas l'application de ces vues et de ces maximes indis-
pensable et pressante ? Lorsqu'on a abattu
un culte , quelque déraisonnable et quel-
qu'anti-social qu'il fût , il a toujours fallu
le remplacer par d'autres , sans quoi il
s'est, pour ainsi dire, remplacé lui-même,
en renaissant de ses propres ruines. Telle
est précisément la position où se trouve
la France , et c'est la cause la plus puissante et la plus active des tiraillemens que
nous éprouvons encore malgré la force de
la constitution et l'éclat de nos victoires.
Il est donc pressant , je le répète , d'arrêter des efforts aussi funestes dans leurs
conséquences ; car , indépendamment de
ce que le culte romain est , par son essen-
ce, fauteur du despotisme , et qu'il ren-
ferme tous les vices que nous avons dé-
taillés plus haut, qu'on se représente les
fureurs du sacerdoce lorsqu'il scroit dirigé
non-seulement par l'esprit de domination,
d'exclusion et de cruauté qui l'a toujours
caractérisé dans toutes ses querelles, mais
encore par le désir le plus effréné de la
vengeance et la rage d'avoir été humilié

et dissous. Ce n'est pas que je craigne toutefois que jamais le clergé romain revienne à former en France un corps reconnu par l'état ; c'est une pure chimère. Mais que de maux il nous a fait, et que de maux il doit nous faire encore, si nous ne tentons la voie la plus simple et la plus sûre pour lui ôter tout reste d'influence.

Le culte doit-il être adopté et réglé par la législation ?

Il est peut-être telle circonstance où l'on pourroit répondre par l'affirmative ; mais en thèse générale, et dans la position particulière de notre république, c'est une chose aussi dangereuse que contraire aux principes. Seulement, par tous les motifs que nous venons de développer, il est du devoir des chefs de l'état de favoriser, sans le paroître, l'établissement de nos maximes et leur propagation par tous les moyens possibles de gouvernement et d'administration ; mais quelque pur et quelque sage que soit un culte religieux, dès que la loi le reconnoît, il est impossible qu'il ne s'altère pas dès sa naissance, par l'ambition des ministres et celle des sectateurs eux - mêmes, qui auront bientôt oublié toutes les maximes d'une tolérance universelle et d'une fraternité générale, pour se rendre dominans et exclusifs, au moyen de la suprématie qui leur aura été donnée. Vous verriez alors promptement renaître les richesses et la tyrannie d'un clergé non moins ambitieux peut-être et non moins sanguinaire que le clergé romain, qui, dans tous les tems, fit verser en France tant de fleuves de sang. D'ailleurs, par une conséquence naturelle de ce principe que personne ne conteste, et qui n'admet aucun empire de la loi sur la liberté des consciences, vous ne pouvez pas soumettre un ou plusieurs cultes à un ou plusieurs autres : ce qui existe cependant de fait, lorsque la législation se mêle d'un ou de plusieurs cultes d'une manière plus particulière.

De la pompe dans le culte religieux.

Beaucoup de personnes, en adoptant les vues générales qui viennent d'être présentées sur cette matière, croient cepen-

dant que les cérémonies du culte, quoique peu nombreuses, doivent être accom-
pagnées d'une grande pompe. Je conviens
qu'il faut frapper les yeux de la multitude, et fixer son attention par un éclat
imposant; mais ce n'est pas encore l'occasion. Chaque chose a sa place marquée
dans un bon système politique, et ce ne
sont pas les yeux et l'imagination qu'il
faut frapper ici, c'est le cœur. L'objet de
la religion dans l'ordre social bien entendu est uniquement de rendre l'homme
juste et bon ; elle doit tendre, en conséquence, à verser abondamment dans son
cœur les penchans les plus affectueux.
C'est par l'onction dans les discours, c'est
par une morale douce et pénétrante, par
des chants simples, nobles et touchans,
par une attendrissante harmonie entre
tous les membres qui se réunissent dans
le même lieu pour rendre grâces à l'Eternel et s'exciter respectivement à la vertu,
par un ordre exact et une grande décence ; enfin, c'est par des moyens qui char-
ment, qui persuadent, qui entraînent,
qui retiennent puissamment qu'il faut lier

les hommes au culte de la Divinité , et non par des tableaux qui l'amusent ou qui l'étonnent, au lieu de l'instruire et de le toucher ; de manière que loin de servir au culte, ils en rendent l'effet nul, et l'éloignent tout à fait de son véritable objet, qui doit être, comme nous venons de le dire, de rendre l'homme essentiellement bon et de lui donner le goût de l'ordre et celui d'une simplicité décente dans l'intérieur de la famille, plutôt que celui de la représentation et d'un faste stérile. D'autres inconvéniens résultent d'un culte pompeux. Les membres de la réunion semblent n'être que spectateurs dans une scène dont les prêtres sont tout à la fois les directeurs et les acteurs : ce qui donne à ceux-ci trop d'importance, et aux autres citoyens trop peu d'intérêt. Il faut, lorsque vous êtes forcés de vous servir de ministre, que vos rites soient tellement organisés que celui-ci ne fasse, pour ainsi dire, que les préside. lleurs, cette pompe qui résulteroit d un certain éclat, vous ne pourriez l'admettre que dans certains lieux ; tandis que celle qui résulte

de

de l'ordre, de la régularité et sur-tout de l'excellence de l'objet et d'un sentiment général de bienviellance, vous pouvez l'obtenir par-tout, et il existeroit alors dans votre institution non-seulement une unité relative, mais même une unité absolue.

Je me rappelerai toute ma vie une anecdote qui est une preuve bien frappante de ce que j'avance. J'assistai un jour, avec ma femme et mes deux filles, à l'office des Calvinistes dans l'église de Saint-Thomas du Louvre ; elles étoient âgées l'une de neuf ans et l'autre de six : elles avoient souvent vu les cérémonies les plus brillantes et les plus pompeuses de la religion romaine ; ces cérémonies n'avoient été pour elles qu'un simple amusement ; elles n'en avoient pas reçu la plus légère impression. Ici, elle fut profonde. La vue de cette nombreuse assistance, maintenue dans la plus grande décence, rangée dans un ordre exact, se levant et s'asseyant aux mêmes instans ; ces touchantes prières, ce discours purement moral, ce chœur de mille ou douze cents voix répétant à l'unisson, et avec un parfait

B

ensemble , les louanges du Seigneur ; quoique le temple fût entièrement nu , que le ministre eût pour tout habit de cérémonie une triste robe noire , et que le chant et les vers ne fussent pas bien merveilleux , tout cela cependant produisit , sur ces deux enfans , un effet si attendrissant qu'elles fondirent en larmes : leur mère et moi en fîmes autant.

Le rassemblement seul d'un grand nombre d'hommes animés du même sentiment, s'exprimant tous à la fois et de la même manière, a sur les ames une puissance irrésistible, le résultat en est incalculable.

Je le répète, et ne cesserai de le répéter, en morale, frappez au cœur. C'est du cœur seul que réjaillira la source de la morale, et c'est dans le cœur seul qu'elle doit être épanchée pour produire des fruits abondans. C'est par le sentiment, en un mot, beaucoup plus que par la raison, que l'homme résiste à ses propres penchans et renonce à ses goûts les plus vifs pour les sacrifier au bonheur de tout ce qui l'entoure ; c'est par le sentiment qu'il préfère les privations les plus dures, et la mort même, au manque de foi, au moindre tort, à la plus petite injure volontaire envers les autres hommes; c'est par sentiment qu'il chérit la liberté, l'égalité, et que, sentant tout le prix de ces biens pour lui-même, loin de chercher à les ravir à autrui pour établir son crédit ou sa puissance, il sera toujours le plus zélé défenseur de la liberté politique et civile.

Les raisonnemens purement métaphysiques en morale ne produisent guère d'autre effet que de nous refroidir excessivement sur le bien que nous devons faire; il est même rare que d'abstractions en abstractions, ils ne nous conduisent pas à des conclusions complétement destructives de toutes les vertus sociales. En poussant ces raisonnemens jusqu'où ils peuvent aller, la sagesse et la pudeur chez les filles, chez les hommes le respect pour l'innocence et la vertu, la fidélité dans les ménages, le dévouement des parens au bonheur de leurs enfans, la reconnoissance, la soumission et la tendresse des enfans envers leurs parens, la bonne foi qui fait préférer le rôle de dupe à celui de frippon, la modération dans les désirs qui rend incapable, sinon de rechercher les honneurs, la gloire ou les richesses, au moins d'employer aucune voie qui puisse offenser personne ou blesser ses légitimes intérêts; le dévouement absolu à la patrie, etc. : tout cela n'est plus que de pure convention; toutes ces vertus sont de vraies chimères, de misérables préjugés qui ne sont pas faits pour troubler les jouissances ou arrêter l'ambition d'un homme d'esprit, d'un philosophe du jour, d'un penseur. Ah! laissons-là ces charlatans qui, voulant se donner l'air de subtils et profonds raisonneurs, ne font qu'éloigner l'homme de la pratique de ses devoirs et de la route du bonheur. Descendez dans votre propre cœur, interrogez-le, il vous répondra par la voix aussi puissante que véridique du sentiment, que les qualités que nous venons de détailler sont des vertus réelles, que seules elles répandent sur la vie un charme qui ne s'altère jamais, que seules elles sont la source et le maintien de toute félicité privée et de tout or-

dre public, que par-tout où elles sont mé-
connues ou dédaignées le moindre incon-
vénient qui en résulte c'est que personne
n'est content de soi-même, tout en obte-
nant l'objet de sa convoitise ou de son
ambition, et que les sensations perdent
cette délicieuse fraicheur et cette saveur
exquise qui en font tout le prix : les familles sont alors sans attachement, sans
union, sans confiance, sans paix intérieure
et par conséquent sans bonheur, et la grande famille de l'état présente le même ta-
bleau et d'aussi tristes résultats.

Enfin, je l'avoue, lorsque je vois en-
seigner la morale avec la métaphysique
et faire de beaux et graves traités uniquement fondés sur cette dernière science,
mon ame se glace et mon imagination s'é-
teint; je ne vois dans ces tristes produc-
tions que le germe du plus parfait égoïs-
me, de l'engourdissement le plus apathi-
que, et souvent que les plus criminels comme les plus froids calculs de l'ambition et
du vice contre l'intérêt et le bonheur com-
muns.

Rendez l'homme aimant, vous le rendrez bon ; si la force est la *seconde* qualité qui constitue la vertu , la bonté fut toujours la première.

Telle est, depuis bien des années , la manière dont j'envisage un culte religieux, et tel il doit être , je crois, pour concourir au maintien d'un état libre. Mais encore une fois , ce n'est que par l'opinion et par des voies non publiques de la part du gouvernement que de pareilles institutions doivent se propager et se soutenir. Il en est d'autres , au contraire , sur lesquelles la législation et le gouvernement ne peuvent paroître indifférens : ce sont les cérémonies civiles et les fêtes nationales. Je parle d'abord des premières.

Des cérémonies civiles.

J'ENTENDS par cérémonies civiles celles qui devroient se pratiquer aux trois principales époques de la vie, la naissance, le mariage, la mort. Je sais que la loi a réglé la manière de les constater ; mais est-ce-là tout ce qu'il faut? Lorsqu'on porte un enfant nouveau né dans un bureau pour l'enrégistrer comme un balot à la douane, il est impossible que le commun des hommes sente aussi bien le prix qu'un citoyen doit mettre à donner des enfans à son pays, à s'attacher à eux, à veiller à leur bonheur, à les élever suivant les règles de la sagesse et à les embrâser de l'amour de la vertu et de celui de la patrie. Il faut qu'en constatant la naissance d'un enfant on signale cette époque par des cérémonies qui fassent une impression réelle sur l'esprit des parens en particulier, et en général sur celui des citoyens : par exemple, quoique je suis bien éloigné d'être le partisan du culte romain, comme je le suis de tout ce qui paroît bon quelque part qu'il se trouve, je l'avoue, j'ai vu avec une véritable peine que dans les nouvelles loix civiles on ait supprimé l'usage du parain et dé la maraine. Il est doux et consolant de penser que ce nouvel être qui est jeté dans la vie sociale, s'il devient orphelin, ou s'il l'est déja, trouvera dans le monde deux personnes qui ont pris l'engagement de remplacer son père et sa mère. Par-là d'ailleurs les

B 4

membres d'une même famille se rattachent les uns aux autres encore plus étroitement ; les familles d'un même voisinage elles-mêmes s'unissent d'une manière plus particulière. C'est ainsi que s'étendent les liens de la concorde et ceux d'un attachement réciproque !

Mais l'époque de la vie sociale à laquelle on doit attacher le plus d'importance c'est le mariage. La loi doit tout faire pour imprimer un caractère sacré à cette union auguste. C'est elle qui est le véritable nœud social ; c'est sur elle que reposent, comme sur une base sans laquelle ils ne peuvent se soutenir, tout bonheur domestique et tout ordre public. Je ne crois pas qu'il ait existé aucun pays libre où le mariage n'ait été une loi de l'etat, et je ne connois que des peuples demi - sauvages qui sont dans l'indépendance naturelle et non en société libre, ou des peuples tels que ceux de l'Orient, soumis à la plus humiliante servitude, chez lesquels le mariage, tel que nous le concevons, n'ait pas lieu ; et, par une conséquence naturelle, même chez les peuples libres, dès que le mariage a cessé d'être en honneur, la liberté a disparu pour faire place un instant à une licence effrenée, bientôt suivie elle-même d'un despotisme absolu!

N'est-ce pas, en effet, dans les affections domestiques que se forme et se développe le germe de la bienveillance générale? et les liens qui unissent les différens membres de la famille ne sont-ils pas seuls le modèle et le nerf de ceux qui lient la grande société? Conçoit-on que celui qui ne peut avoir que peu, ou même point du tout, de tendresse et d'attachement pour une épouse, des enfans, un père, une mère, des frères, des sœurs, tous êtres avec lesquels il partage les sources de la vie, pourra chérir ses concitoyens et former avec eux, pour le bien de l'état et la conservation de la liberté commune, une union qu'il ne connoît pas dans sa propre famille? Cela est absurde. Si chacun est pour soi dans la famille, à plus forte raison chacun sera pour soi dans la république. Or, par-tout où cette affreuse maxime est dominante, il n'existe que désordre, anarchie ou despotisme. Tout doit donc tendre, on ne peut trop le redire, à fortifier l'affection que les deux époux se doivent l'un à l'autre, parce que de celle-là dérivent les autres affections domestiques, et que de ces dernières découlent celles que l'on porte à tous les membres du corps social dont on fait partie. Rien ne peut être négligé pour donner à cette union une grande force morale. Cet acte essentiel de la vie doit donc être accompagné d'une véritable solemnité où la décence et les plus douces images réunies concourront à le faire également respecter et chérir.

Je n'ai assisté qu'une seule fois à un mariage dans la commune de Paris ; je n'ai de ma vie rien vu qui m'ait choqué à ce point. L'avenue de la salle où se tenoit l'officier public étoit obstruée de mille grossiers personnages, dont les dégoûtans propos et les gestes cyniques blessoient les hommes les moins délicats. Figurez-vous ensuite une salle sans propreté, sans décoration, où tout étoit entassé pêle-mêle et sans ordre sur des bancs de taverne, mariés, mariées et témoins (je ne dis pas parens, car les jeunes époux, qui étoient en assez grand nombre, n'en avoient ni les uns ni les autres) ; un officier public en cheveux roulés et en chétive redingotte de matin, une grande vilaine statue de l'Hymen, ayant en main deux vieilles couronnes de fleurs d'Italie toutes décolorées, quelques scribes pour tenir les registres, tout cela monté sur une antique estrade d'un vieux bois enfumé, un appel successif de chaque couple, la prononciation en quatre mots de je ne sais quelle formule, la signature des époux et des témoins au bas de l'acte, et voilà vingt, trente mariages terminés ! . . . . Point de cérémonies, point de discours, point de chants, point d'emblême, point de réunion des deux familles et des amis. Il faut convenir que tout cela n'est pas bien propre à donner l'idée d'un engagement sacré, et pour peu qu'on se sente quelque penchant à la légéreté, on doit se faire très-peu de scrupule d'échapper à un lien auquel la législation paroît ne pas attacher la plus petite importance. Ce qui

achève de mettre le comble à ces indécen-
tes pratiques, c'est la facilité du divorce
et la manière de le prononcer. On n'y ap-
porte pas plus de façons que pour les mariages, et communément tout cela se fait
dans le même moment et comme cela se
trouve. D'où il résulte que vous n'avez,
pour ainsi dire, sous les yeux qu'un ta-
bleau de prostitution et de chagrins domestiques, où vous ne devriez avoir que
des objets qui rappelassent la sainteté de
l'engagement que vous contractez et le
charme que vous devez y répandre.

En parlant du divorce, je n'ai pas entendu rejeter cette institution ; je la crois
nécessaire, mais infiniment délicate à trai-
tér. La même loi qui est sage lorsqu'elle
en prononce le principe est insensée et
destructrice de toute vertu et de tout ordre social lorsqu'elle en rend l'exécution
trop facile, et qu'elle ne prescrit pas des
formalités sévères et des tentatives de con-
ciliation avant que le divorce soit admis.
Les cérémonies mêmes prescrites pour le
moment où il est prononcé devroient faire
sentir que la société ne peut qu'être pro-

fondement affligée d'un acte qui rompt un nœud aussi sacré, et qui est toujours, de quelque manière qu'on l'envisage, une sorte de scandale public qu'on ne tolère que pour en éviter de plus grands encore.

Nous arrivons enfin à la dernière époque de la vie!.... la mort!.... Il est odieux d'abandonner ainsi les restes de ceux avec lesquels nous avons vécu à d'impurs fossoyeurs, sans que leurs proches ni la société leur donnent la moindre marque d'attention. Lorsqu'on nous habitue à ne considérer les restes d'une épouse, d'un père, d'un enfant, d'un frère, d'une sœur, d'un ami, que comme ceux de tout autre animal dont on se débarrasse le plus promptement que l'on peut, et uniquement par voie de police, pour ne pas infecter l'air, il est impossible que l'effet d'un tel abandon ne soit pas d'affoiblir la tendre affection qui doit régner entre eux et nous pendant le cours de la vie. Il y a plus, le sentiment général de l'humanité en est infailliblement altéré; on est fort disposé à regarder un homme vivant avec aussi peu d'égards qu'une brute, lorsqu'on ne fait pas plus d'attention aux restes d'un homme qu'à ceux d'un animal mort. C'est un sentiment si doux que celui de l'humanité , si nécessaire pour embellir les jouissances de la vie , et sur-tout pour en diminuer les peines ! Il faut éviter avec scrupule tout ce qui peut lui causer la moindre altération , et rechercher avec soin tout ce qui peut le fortifier encore. Le respect dû aux morts est donc un point sur lequel le législateur ne peut être indifférent.

Mais pour remplir cet objet , la loi pourroit-elle abandonner aux familles le soin d'ensevelir le corps de leurs proches ou de leurs amis. Je conviens que rien ne flatte plus le cœur que cette pensée. Cependant je n'en reste pas moins convaincu que cela est inadmissible dans un pays très-peuplé , et où il y a une grande inégalité dans les fortunes. Si l'égalité absolue est une chimère qui ne peut entrer que dans des têtes qui ne parcourent que les régions de l'imagination , sans jamais être dans le domaine de la raison , il n'en est pas moins vrai que toutes les institutions doivent rappeler sans cesse les citoyens à cette idée d'égalité, afin que, même dans la vie civile, ils s'en éloignent le moins qu'il est possible. Or, si les sépultures, comme les naissances et les mariages, ne se font pas suivant un mode prescrit par la loi, et par-tout d'une manière uniforme, les familles riches afficheront un luxe scandaleux dans cette occasion afin de satisfaire leur orgueil, tandis que les pauvres familles abandonneront à la terre les restes de leurs proches sans leur rendre les moindres honneurs ; et certes si quelque chose caractérise l'égalité parmi les hommes, malgré toutes les folies de la vanité, c'est bien l'entrée dans la vie, l'acte par lequel elle se propage et celui par lequel on en sort. D'ailleurs, il ne faut pas perdre de vue l'objet moral d'une cérémonie funèbre, celui de fortifier les affections domestiques et de rendre l'humanité plus chère. Mais rien n'est plus propre à éloigner de ce double objet qu'une lugubre et orgueilleuse pompe, où l'ostentation est tout et où le sentiment n'est rien ; ou bien, au contraire, un abandon total et un mépris pour nos semblables, qui dessèchent toutes les sources du sentiment.

D'un autre côté , s'il est doux de posséder les restes de ceux qui nous furent chers, qu'on observe que mille circonstances impérieuses peuvent nous déposséder de ce coin de terre où ils reposeroient, et que nous pourrions avoir la douleur de voir profaner leurs cendres.

Mais, au contraire, on satisfait en quelque sorte à ce vœu si naturel sans contrarier les autres vues que je viens d'établir, en admettant, comme dans certaines campagnes, des lieux isolés où les morts sont ensevelis chacun à part, et où l'on puisse aller quelquefois verser des larmes sur leurs tombes et y répandre des fleurs.

De la pompe dans les institutions civiles.

TELLES sont les institutions civiles dont je crois que la législation doit sérieusement s'occuper : ici un peu de pompe extérieure est nécessaire. Nous commençons à considérer l'homme, non pas abstractivement jusqu'à un certain point, comme dans le

culte

culte religieux , mais presque uniquement dans ses rapports avec tous les membres de la société ; et s'il faut encore y parler à son cœur , on n'en doit pas moins frapper ses sens par des images qui agissent sur lui par une impression durable , le tirent de l'état sauvage pour le transporter dans la vie sociale , et lui en fassent bien sentir les devoirs. Les institutions civiles sont, pour ainsi dire , le terme moyen entre le culte religieux et les fêtes nationales. Le but de ces dernières doit être de montrer l'homme principalement dans ses rapports avec la patrie , considérée dans son entier , et , pour ainsi dire , d'une manière abstractive.

Des fêtes nationales et de la pompe qui leur convient.

C'est dans cette troisième espèce d'institution qu'il faut déployer toute la pompe nationale : on doit y réunir tout ce qui peut embraser l'imagination , élever l'ame aux plus sublimes idées et le cœur aux plus grands sentimens ; tout ce qui peut

C

enfanter une généreuse audace, inspirer un amour sans bornes pour la liberté et la conservation des loix, tout ce qui peut produire un tel dévouement que chaque citoyen soit prêt à sacrifier ses passions et ses vœux les plus ardens au bonheur et à la gloire de la république, au point de mépriser la mort et de braver la douleur pour assurer l'une et l'autre.

Nous avons tâché, par le culte, de rendre l'homme, en général, bon et juste ; dans les institutions civiles, nous avons cherché plus particulièrement les moyens de resserer les liens des familles et de faire chérir et pratiquer les devoirs de la vie civile ; ici, il faut achever le perfectionnement de l'homme social ; il faut ajouter à tant de qualités précieuses la force de l'ame, la grandeur de la pensée, et le feu de l'imagination. Il ne suffit pas que vous l'ayez rendu bon, vertueux, ami de son pays, il faut qu'il le soit énergiquement : tant de pièges nous environnent dans le cours de la vie, tant de séductions nous entraînent, tant de désirs nous tourmentent, tant d'objets tentent notre avarice ou notre ambition, qu'un cœur pur ne suffit pas toujours pour qu'on ne soit pas jeté hors du sentier de la vertu. Il faut posséder une ame ferme, une imagination embrasée par l'amour du vrai beau et une résolution opiniâtre de pratiquer le bien et de résister au mal.

Tout doit tendre à ce but dans les fêtes publiques; c'est-là que les plus grands tableaux seront mis sous les yeux du citoyen; c'est dans ces grandes occasions que les sentimens les plus élevés et les élans les plus sublimes doivent frapper son imagination et son cœur.

Tel est le caractère que je crois propre aux institutions qui doivent contribuer à l'amélioration de l'espèce humaine, au bonheur de la vie, à la grandeur et à la prospérité de l'état. Toutes, elles sont également nécessaires. Si vous ne songez qu'à rendre l'homme bon, vous en ferez un être foible : si vous n'avez d'objet que celui de le rendre grand, il deviendra dur; on s'estime alors sans s'aimer. Ce n'est pas assez :

pour rendre la vie heureuse il faut l'en-
noblir sans doute, mais il faut encore y
répandre des charmes. D'ailleurs, lorsqu'une sorte d'attachement réciproque ne
lie pas les citoyens entre eux, c'est en
vain qu'ils s'estiment : ils ne se pardon-
nent rien, et des haines profondes, même
entre des hommes qui ne sont pas vicieux,
peuvent diviser l'état et lui occasionner les
plus funestes déchiremens.

Ici, peut-être, l'on demandera pourquoi
ne pas lier les institutions religieuses aux
deux dernières sortes d'institution, elles
se donneroient une force respective dont
il résulteroit un effet plus assuré.

Rien de plus pernicieux qu'une pareille
entreprise.

Premièrement, si la religion, comme
elle l'a fait presque par-tout, vient se mêler du civil, il est évident que vous lui
donnez des moyens sans nombre d'intro-
duire la domination des prêtres et de ral-
lumer infailliblement le fanatisme religieux ; l'encensoir reprendra encore une
autre fois la place du sceptre de la loi
qu'il aura brisé, et la superstition étouf-

fera de nouveau tout à la fois les véritables sentimens de religion et les lumières
de la raison.

En second lieu, ce seroit attaquer par
sa base le principe de la liberté des consciences ; car, enfin, il faudroit bien convenir que ce seroit tel ou tel culte qui fi-
gureroit dans les cérémonies civiles et dans
les fêtes nationales : or, toutes les raisons
déduites plus haut pour prouver que la
législation ne doit se mêler d'aucun d'eux,
ont ici leur entière application. Votre législature seroit donc au surplus convertie
en école de théologie. . . . Ah ! certes les
hommes ont bien assez de leurs dissen-
tions politiques, sans y ajouter encore les
sanglantes querelles de la religion.

On ne peut pas d'ailleurs abandonner
un objet aussi essentiel pour la morale et
pour la direction de l'esprit public au ca-
price des individus ou des sectes. Voyez ce
qui se passoit dans l'église romaine. Indépendamment de ce que ses cérémonies
étoient souverainement insignifiantes, le
pauvre y étoit baptisé, marié et enterré
avec un mépris et un scandale abomina-

bles, lorsque le luxe le plus ridicule, les cérémonies les plus recherchées et les distinctions les plus flatteuses étoient prodiguées aux riches. Rien sans doute n'est plus contraire aux maximes que nous avons développées plus haut, et ce n'est pas ainsi qu'on fait naître la bonté dans le cœur et la justesse dans l'esprit.

Encore une fois, laissons chaque chose à sa place. Le culte religieux ne doit être qu'une réunion d'hommes rassemblés pour rendre des actions de grâces à l'Eternel et s'exciter respectivement à la justice et à la bonté. Tout ce qui est extérieur appartient à la loi ou au gouvernement. Le mélange des choses qui ne doivent pas être confondues, quoique toutes bonnes en elles-mêmes, ne produit rien de satisfaisant. Avec cette confusion, l'homme ne sera jamais ni vraiment religieux ni vraiment citoyen.

On a dû comprendre maintenant que mon objet n'étoit pas de tracer le plan et les détails des institutions dont je viens de parler, mais uniquement d'en faire sentir la distinction et le but principal de cha-

cune d'elles : c'est à quoi je me suis appli-
qué. Mais si elles doivent avoir des ca-
ractères différens, il est cependant des choses qui doivent leur être communes et qui
sont très-essentielles.

Toutes, elles doivent être conçues de
manière que dans la plus petite commune
de la république comme dans la plus grande chaque citoyen reconnoisse par-tout le
même plan, le même objet, les mêmes
rites, les mêmes chants, etc. Qu'ainsi il
ne soit étranger nulle part, et que dans
quelque lieu de la république où il trouve ses concitoyens assemblés, il puisse se
mêler à leurs prières, à leurs cérémonies,
à leurs jeux.

Cela se conçoit d'abord quant au culte
tel que je l'ai entendu, puisque j'en ai
rejeté toute espèce de pompe. Une com-
paraison rendra ce que je demande aussi
facile à comprendre en ce qui concerne
les cérémonies civiles et les fêtes nationales, quoique la pompe en doive être gra-
duée suivant les ressources des lieux où
elles s'exécutent. L'exemple que je cite
pour me faire entendre est pris du culte

romain. Il y avoit une immense différen-
ce entre l'éclat qui accompagnoit l'office
d'une grande ville et celui d'un village ;
cependant par-tout le sectateur retrouvoit
les mêmes formes , les mêmes idées , les
mêmes chants , etc. L'application , comme on voit , est aisée à faire , et son utilité me paroît incontestable. L'habileté que
les prêtres ont toujours employée à lier les
hommes à leur domination en produisant
par-tout le culte sous les mêmes formes ,
le législateur philosophe doit en faire usage pour les rattacher fermement à la liberté , ainsi qu'aux mœurs qui en sont le
soutien : il ne doit rien négliger pour les
unir étroitement dans le sentiment commun de leurs droits et de leurs devoirs.

Une chose essentielle encore , c'est la
distribution du tems : il importe beaucoup, pour que tout aille bien , que l'homme religieux travaille ou se repose aux
mêmes jours que l'homme civil.

Avant de terminer entièrement mon sujet , je dois dire quelque chose de particulier sur le chant. De tous les arts d'imitation celui qui exerce la plus grande puis-

sance sur nous c'est la musique. L'ébran-
lement physique que la vibration des ins-
trumens et celle de la voix occasionnent
sur nos fibres, qui se trouvent frappés à
la fois sur toutes les parties du corps, indépendamment de l'oreille, est sans doute
une des causes qui contribuent à lui donner ce degré de force. L'impression que
l'artiste entend produire, pénètre, pour
ainsi parler, par tous les pores ; tandis que
les autres arts d'imitation, n'ayant pour
agir sur nous qu'un seul point de contact,
qui est celui de l'œil, il est évident que
leur effet est moins général sur toutes les
parties de notre être, et par conséquent
moins profond. Mais quelle que soit la
cause, l'effet n'en est pas moins senti. Cette
partie de nos institutions mérite donc une
grande attention. Un point important,
c'est que les paroles et le chant soient com-
posés de manière que tous les citoyens puis-
sent les apprendre et les retenir dès la jeunesse. Par-tout, encore une fois, ils doivent être acteurs eux-mêmes, autant qu'il
est possible ; et par-tout ils doivent con-
fondre leurs accens comme leurs cœurs
avec ceux de leurs compatriotes.

Je n'entrerai dans aucune explication sur la nature et le caractère du chant qui convient à chacune des institutions qui ont fait l'objet de cette dissertation, cela est hors de mon sujet, et d'ailleurs suffisamment indiqué par tout ce qui a été dit sur la nature et le caractère de ces institutions elles-mêmes. Mais si l'on veut s'en faire une juste idée, et se pénétrer à cet égard de vues aussi neuves qu'utiles, on doit consulter un écrit intitulé :

Essai sur la propagation de la musique en France, sa conservation et ses rapports avec le gouvernement, par J. B. Leclerc. Imprimerie Nationale. Prairial an IV (1).

Cet ouvrage est dicté par un cœur pur, une ame sensible, un esprit sain et un jugement profond ; il annonce en même tems une grande connoissance de l'art.

Maintenant si le peu de réussite des essais que l'on a tentés pendant le cours de la révolution faisoit penser à quelques personnes que l'entreprise de nos institutions

____

(1) Se vend chez Jansen, rue des Saints-Pères, n°. 1195, et chez Desenne, palais Egalité.

seroit infructueuse, elles se tromperoient beaucoup.

Avant l'établissement de la constitution, rien n'étoit entrepris avec un esprit de suite et avec ensemble ; car il n'y avoit ni ensemble ni suite dans la législation : tout étoit mobile et changeant comme l'esprit, les passions et les personnes des gouvernans. C'est sous le règne seul de la loi qu'on peut agir de mesure. Un système régulier d'institutions ne peut être établi que dans un gouvernement régulier. L'on ne peut édifier sur un modèle qui n'existe pas.

Aujourd'hui, que le gouvernement le veuille bien et que les hommes éclairés le secondent sans violences et sans secousses, le culte dont nous venons de parler s'établira. Que, dirigé par les mêmes vues, le corps législatif pose quelques bases générales très-peu nombreuses sur les institutions civiles et sur les fêtes nationales, et bientôt elles seront créées ; mais sur-tout que la législature se garde d'entrer dans aucuns détails. Le gouvernement doit seul être chargé de les régler ou tout échouera

dans cette partie encore plus que dans aucune autre. La manie de tout réglementer
rendra éternellement nul ou funeste l'effet
des loix dictées par les meilleurs principes.

Voilà l'objet dont j'ai cru devoir m'occuper, il m'a paru d'une extrême importance,
et j'ai pensé que c'étoit au moment où la
paix continentale doit nous fixer presque
en entier sur l'administration intérieure,
qu'il falloit appeler l'attention des législa-
teurs, du gouvernement et de tous les citoyens éclairés et bien intentionnés sur un
point qui doit donner à la constitution
françoise toute son étendue , et la fortifier
de manière à la rendre , pour ainsi dire ,
indestructible.

Mes idées et mes maximes déplairont
sans doute également aux prêtres et à certains philosophes. Mais cela ne m'a pas
arrêté un instant pour les émettre. Il y a
long-tems que j'ai un égal mépris pour
ceux qui tyrannisent les hommes et les
avilisent par la superstition, et pour ceux
qui lui présentent comme des préjugés
aussi petits qu'incommodes, les vertus les

plus nécessaires au bonheur domestique et à la félicité publique.

Je suis fort partisan des principes, mais comme je me suis apperçu depuis long-tems que chacun s'en fait à sa guise, et qu'on peut disputer sur ce qu'on qualifie de ce nom, comme sur les questions théologiques, sans parvenir à s'entendre, je ne m'attache jamais en morale et en politique qu'aux résultats, parce qu'on ne peut les contester. En conséquence, tout ce qui est propre à rendre l'homme meilleur et plus heureux, mérite à mes yeux d'être recherché avec zèle et persévérance, en bravant, s'il le faut, les poignards d'un fanatisme sanguinaire et les persécutions d'une orgueilleuse philosophie.